Escape Room Abenteuer Kids

SHERLOCKS
größter Fall

Von Alex Woolf

Illustriert von Sian James

Copyright © Arcturus Holdings Limited
Originaltitel: Escape Room Adventures – Sherlock's Greatest Case
Illustrationen: Sian James
Text: Alex Woolf
Gestaltung: Sarah Fountain
Leitung Gestaltung: Jessica Holliland

© dieser Ausgabe: Ullmann Medien GmbH,
Rolandsecker Weg 30, 53619 Rheinbreitbach, Deutschland
Übersetzung: Tobias Rothenbücher
Lektorat und Satz: writehouse, Köln
Coveradaption: Beate Lennartz
Gesamtherstellung: Ullmann Medien GmbH, Rheinbreitbach
Alle Rechte vorbehalten.
ISBN 978-3-7415-2702-9
10 9 8 7 6 5 4 3 2
www.ullmannmedien.com

Willkommen zu einem Escape-Room-Abenteuer!

Wir schreiben das Jahr 1895 in London, Baker Street 221b. Du bist Sherlock Holmes, der genialste Detektiv der Welt, und zusammen mit deinem treuen Gefährten Dr. Watson wirst du dich deinem größten Abenteuer stellen!

Im Kampf gegen den berüchtigten Verbrecher James Moriarty brauchst du all deinen Grips, um eine ganze Reihe von Rätseln zu lösen.

Moriarty hat den berühmten Musgrave-Diamanten aus dem Museum der Baskervilles gestohlen. Er weiß, dass du ihm auf den Fersen bist, und er setzt alles daran, dir zu entwischen.

The London Reporter

MUSGRAVE-DIAMANT GESTOHLEN!

Finde gemeinsam mit Dr. Watson heraus, wo Moriarty ist, und bringe den Diamanten zurück ins Museum.

Wie man dieses Buch liest

Dieses Buch liest man nicht wie gewöhnlich von vorn bis hinten durch. Um das Geheimnis zu lüften, musst du deinen eigenen Weg finden. Bei jedem Rätsel werden dir drei oder vier mögliche Lösungen mit einer Nummer angeboten. Wenn du glaubst, die richtige Lösung zu kennen, schlägst du die Seite mit dieser Nummer auf und findest heraus, ob du richtig liegst. Setze deine Beobachtungsgabe ein und denke logisch, aber auch um die Ecke, um Hinweise zu finden. Die Bilder stecken voller Informationen, also Augen auf!

Schwierigkeitsgrade

Wähle aus, wie schwierig es werden soll, dann spiele gegen die Uhr!

 **NEU-DETEKTIV:**
Du hast zweieinhalb Stunden, um alle Rätsel zu knacken, und fünf „Leben" – das bedeutet, dass du dich viermal irren darfst.

 **GUTER SCHNÜFFLER:**
Du hast zwei Stunden, um alle Rätsel zu lösen, und vier Leben. Wenn du also mehr als dreimal daneben liegst, musst du von vorn beginnen!

MEISTER DER KOMBINATION:
Du hast anderthalb Stunden Zeit für alle Rätsel und drei Leben. Viele Fehler kannst du dir also nicht leisten!

Geheime Zeichen

Keine Gefahr

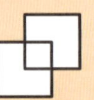
Gefährliche Leute

Du kommst hier nicht weiter

Wachhund!

Wenn du dieses Zeichen siehst, untersuche die Person oder das Objekt genau. Später musst du dich an alle Einzelheiten erinnern.

Zeitstopp: Bei diesem Zeichen bekommst du zum Rätsellösen fünf Minuten Extrazeit – und die brauchst du auch!

Achte auf diese Symbole, die deine jungen Verbündeten, die Jungen aus der Baker Street, für dich hinterlassen haben.

Mit diesem Rad kannst du Briefe entschlüsseln, deren Buchstaben durch andere ersetzt wurden. Suche jeden Buchstaben auf dem äußeren Ring und ersetze ihn durch den darunterstehenden Buchstaben auf dem inneren.

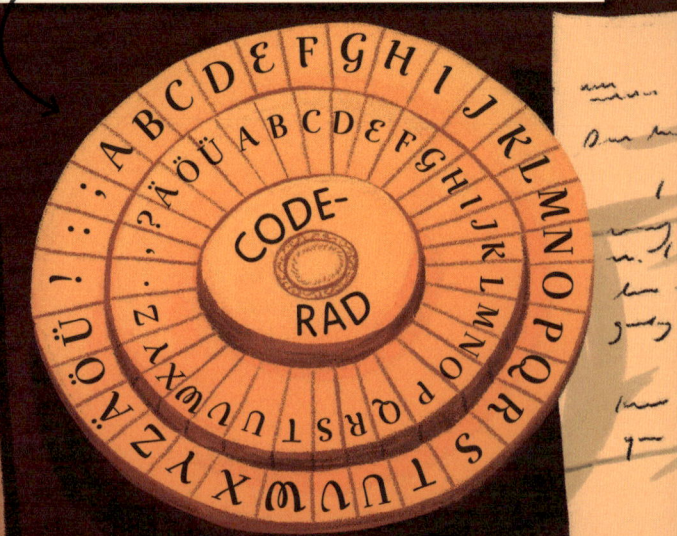

GESUCHT
MORIARTY

Tanzmännchen-Code

A	B	C	D	E	F	G	H	I	J	K	L	M
N	O	P	Q	R	S	T	U	V	W	X	Y	Z

Einige Botschaften sind in dieser Geheimschrift geschrieben. So kannst du sie entschlüsseln.

Verwende diese Tabelle, um Nachrichten zu entschlüsseln, bei denen Zahlen für Buchstaben stehen – oder umgekehrt.

ERHALTEN
Um
Aus
Von

LONDON
9 JUL
95

A	B	C	D	E	F	G	H	I	J	K	L	M
1	2	3	4	5	6	7	8	9	10	11	12	13
N	O	P	Q	R	S	T	U	V	W	X	Y	Z
14	15	16	17	18	19	20	21	22	23	24	25	26

Moriartys Geheimversteck

Geheimer Ausgang

Geheim-gang

SPEISESAAL

BESPRECHUNGS-RAUM

SCHATZKAMMER (Diamant)

KÜCHE

WOHN-ZIMMER

Geheimgang

SCHLAF-ZIMMER

Geheim-gang

BAD

EINGANGS-HALLE

BIBLIOTHEK

WAFFEN-KAMMER

Geheim-gang

Höhleneingang

1

Der berühmte Musgrave-Diamant ist gestohlen worden! Ihr eilt zum Tatort im Baskerville-Museum und untersucht ihn nach Hinweisen. Neben der eingeschlagenen Vitrine findet ihr einen verlorenen Handschuh. Auch im Fundbüro des Museums liegen einige einzelne Handschuhe.

Findet ihr den einzelnen Handschuh, der zu dem gefundenen Exemplar passt?

Lautet eure Antwort A, dann lest bei Nr. 65 weiter.

Lautet eure Antwort B, dann lest bei Nr. 14 weiter.

Lautet eure Antwort C, dann lest bei Nr. 18 weiter.

Lautet eure Antwort D, dann lest bei Nr. 133 weiter.

2
Dieses Kabel führt leider nicht zum Loch in der Höhlendecke. Ihr verliert ein Leben und müsst zurück zur Nr. 21.

3
Das ist nicht Petersons Telefonnummer. Ihr verliert ein Leben und müsst es bei Nr. 61 noch einmal probieren.

4
Das ist nicht der Mann, der Christa Belle den Zettel gibt. Ihr verliert ein Leben und müsst zurück zur Nr. 103.

5 Ihr knackt den Code und findet heraus, wie die Botschaft lautet: SUCHE IM FALSCHEN NAPOLEON. Was kann das bedeuten? Ihr durchsucht weiter Moriartys Geheimversteck. Auf einem Regal in der Bibliothek stehen vier Gipsbüsten des französischen Kaisers Napoleon Bonaparte. Ihr begreift, dass irgendetwas, das Christa Belle braucht, in einer der Büsten steckt. Aber in welcher?

A   B   C   D

6 Dieser Schlüssel passt nicht zu der Kreidezeichnung. Ihr verliert ein Leben und müsst zurück zur Nr. 166.

7 Das ist nicht der Mann, den ihr als Silhouette gesehen habt. Ihr verliert ein Leben. Geht zum Augenarzt und dann zurück zur Nr. 72.

Lautet eure Antwort A, lest bei Nr. 12 weiter.
Lautet eure Antwort B, lest bei Nr. 158 weiter.
Lautet eure Antwort C, lest bei Nr. 106 weiter.
Lautet eure Antwort D, lest bei Nr. 61 weiter.

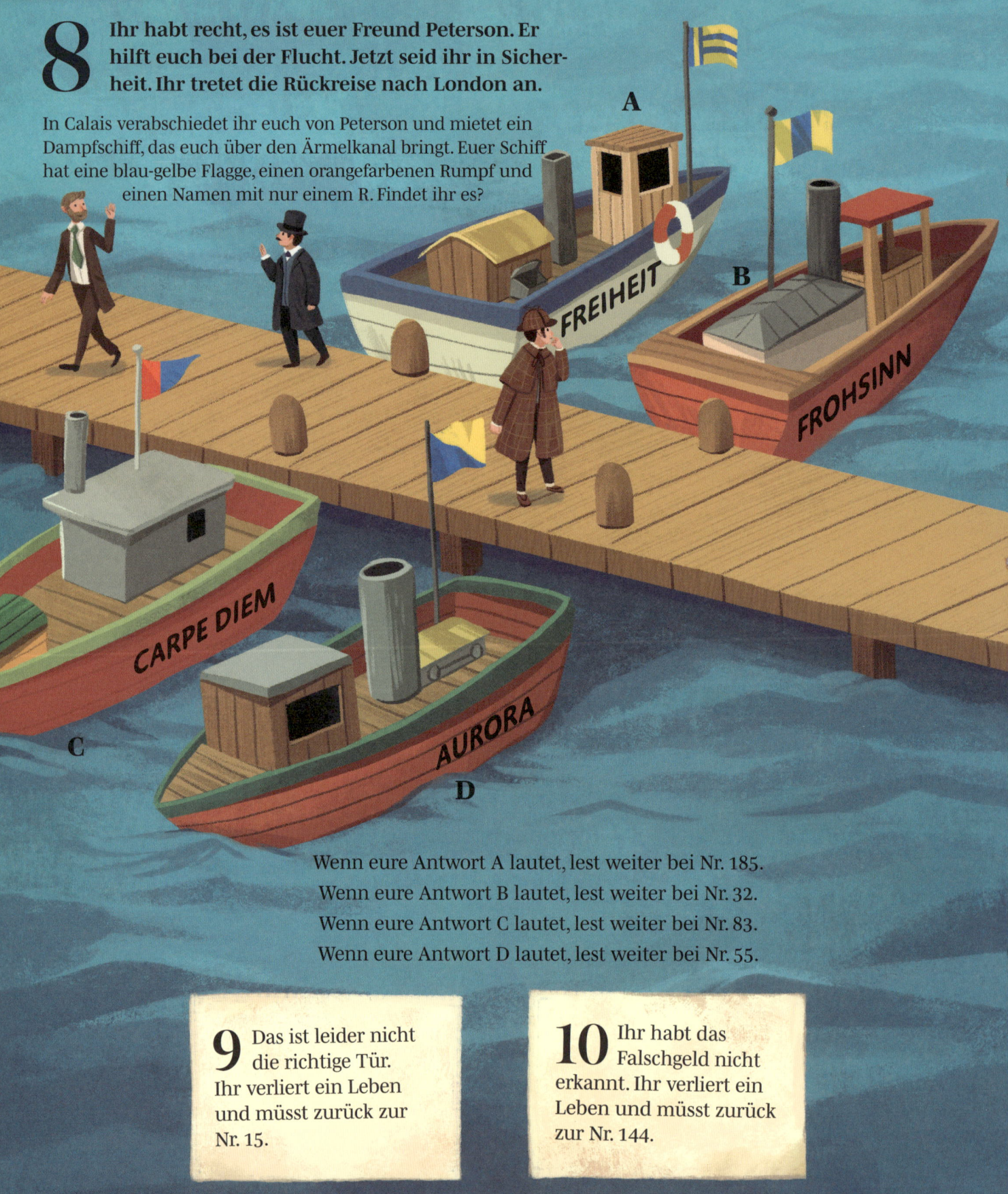

8

Ihr habt recht, es ist euer Freund Peterson. Er hilft euch bei der Flucht. Jetzt seid ihr in Sicherheit. Ihr tretet die Rückreise nach London an.

In Calais verabschiedet ihr euch von Peterson und mietet ein Dampfschiff, das euch über den Ärmelkanal bringt. Euer Schiff hat eine blau-gelbe Flagge, einen orangefarbenen Rumpf und einen Namen mit nur einem R. Findet ihr es?

A

FREIHEIT

B

FROHSINN

CARPE DIEM

C

AURORA

D

Wenn eure Antwort A lautet, lest weiter bei Nr. 185.
Wenn eure Antwort B lautet, lest weiter bei Nr. 32.
Wenn eure Antwort C lautet, lest weiter bei Nr. 83.
Wenn eure Antwort D lautet, lest weiter bei Nr. 55.

9 Das ist leider nicht die richtige Tür. Ihr verliert ein Leben und müsst zurück zur Nr. 15.

10 Ihr habt das Falschgeld nicht erkannt. Ihr verliert ein Leben und müsst zurück zur Nr. 144.

11 Ihr wisst noch, dass der Mann Oberst Moran heißt. Ihr beobachtet, wie er sich etwas notiert und den Zettel in ein Buch legt. Er kichert: „Der Titel ist der einzige ohne „A" und besteht außerdem nur aus einem Wort." Dann stellt er das Buch zurück und geht hinaus. Schnell wollt ihr es euch holen. Dank Morans Hinweis findet ihr es gleich. Auf welchem Regalbrett steht es?

Wer glaubt, es steht auf dem obersten Brett, liest weiter bei Nr. 119.
Wer glaubt, es steht auf dem zweiten Brett, liest weiter bei Nr. 71.
Wer glaubt, es steht auf dem dritten Brett, liest weiter bei Nr. 180.
Wer glaubt, es steht auf dem untersten Brett, liest weiter bei Nr. 57.

12 Dieser Napoleon war nicht gemeint. Ihr verliert ein Leben und müsst zurück zur Nr. 5.

13 Das ist nicht das Zeichen auf der Kachel. Ihr verliert ein Leben und müsst zurück zur Nr. 75.

14 Das ist nicht der passende Handschuh. Ihr verliert ein Leben und müsst zurück zur Nr. 1.

15 „Glückwunsch!", dröhnt Moriartys Stimme. „Ihr habt das letzte Zimmer erreicht. Wenn ihr dieses Rätsel löst, seid ihr frei. Diese vier Türen sehen genau gleich aus, aber nur eine führt aus dem Gebäude heraus. Ich fürchte, Ihre Kombinationsgabe wird Ihnen diesmal nichts nützen, Holmes. Sie müssen wohl einfach raten!" Sein Lachen schallt durch den Raum. Ihr schaut euch die Türen genau an und entdeckt schwache Markierungen. Die Helfer aus der Baker Street müssen hier gewesen sein. Erkennt ihr, hinter welcher Tür ihr in Sicherheit seid?

Wenn eure Antwort A lautet, lest weiter bei Nr. 93.

Wenn eure Antwort B lautet, lest weiter bei Nr. 207.

Wenn eure Antwort C lautet, lest weiter bei Nr. 9.

Wenn eure Antwort D lautet, lest weiter bei Nr. 168.

16 Das war leider der falsche Schnipsel. Ihr verliert ein Leben und müsst zurück zur Nr. 47.

17 So heißt die Frau leider nicht. Ihr verliert ein Leben und müsst zurück zur Nr. 64.

18 In der Regent Street in London findet ihr den Laden, in dem man diese Handschuhe bekommt. Der Verkäufer schlägt in seinem Kassenbuch die Adresse des Kunden nach, aber die Wörter sind verschlüsselt: Jeder Buchstabe des Alphabets steht für einen anderen. Könnt ihr die Adresse entschlüsseln?

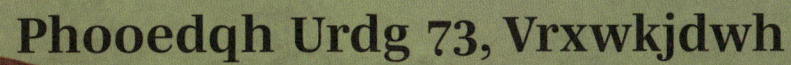

Phooedqh Urdg 73, Vrxwkjdwh

Wenn ihr glaubt, dass Mellbane Road 73, Southgate richtig ist, lest weiter bei Nr. 72.

Wenn ihr glaubt, dass Mellbure Road 73, Northgate richtig ist, lest weiter bei Nr. 102.

Wenn ihr glaubt, dass Mellburn Road 73, Northwall richtig ist, lest weiter bei Nr. 49.

Wenn ihr glaubt, dass Mellvane Road 73, Southport richtig ist, lest weiter bei Nr. 199.

19 An diesem Seil gelangt ihr nicht zum Boden. Ihr verliert ein Leben und klettert zurück zur Nr. 152.

20 Diese Frau ist zu groß! Ihr verliert ein Leben und müsst zurück zur Nr. 107.

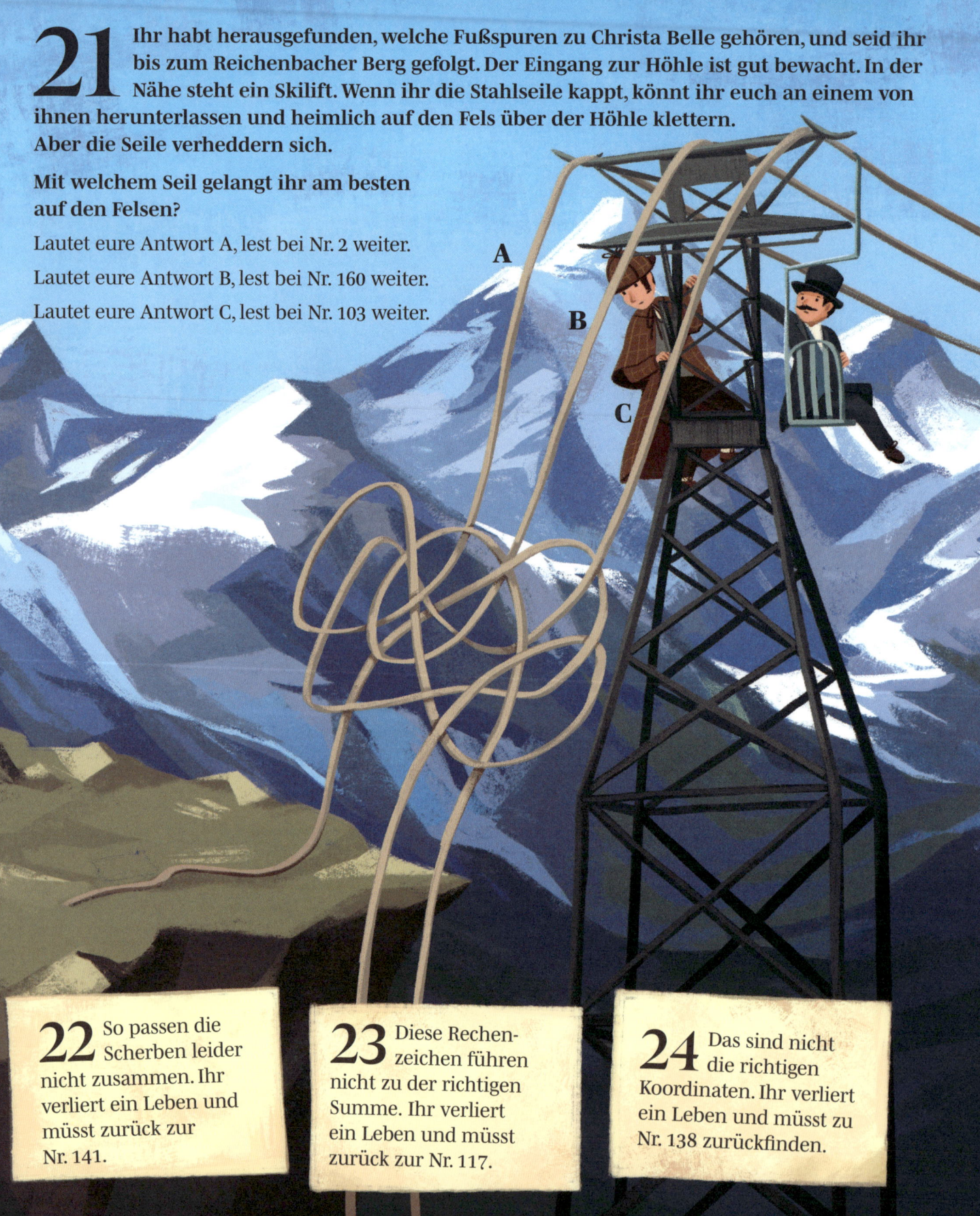

21 Ihr habt herausgefunden, welche Fußspuren zu Christa Belle gehören, und seid ihr bis zum Reichenbacher Berg gefolgt. Der Eingang zur Höhle ist gut bewacht. In der Nähe steht ein Skilift. Wenn ihr die Stahlseile kappt, könnt ihr euch an einem von ihnen herunterlassen und heimlich auf den Fels über der Höhle klettern. Aber die Seile verheddern sich.

Mit welchem Seil gelangt ihr am besten auf den Felsen?

Lautet eure Antwort A, lest bei Nr. 2 weiter.

Lautet eure Antwort B, lest bei Nr. 160 weiter.

Lautet eure Antwort C, lest bei Nr. 103 weiter.

A

B

C

22 So passen die Scherben leider nicht zusammen. Ihr verliert ein Leben und müsst zurück zur Nr. 141.

23 Diese Rechenzeichen führen nicht zu der richtigen Summe. Ihr verliert ein Leben und müsst zurück zur Nr. 117.

24 Das sind nicht die richtigen Koordinaten. Ihr verliert ein Leben und müsst zu Nr. 138 zurückfinden.

25

Ihr steigt durchs Fenster ins Schlafzimmer von Moriarty. Hinter einem Schrank findet ihr eine große Stahltür. Das könnte der Tresor mit dem Diamanten sein. Das Türschloss ist mit einem Code aus vier Ziffern gesichert. Um ihn zu knacken, müsst ihr zuerst die Rechenaufgaben lösen und dann die Ergebnisse der Größe nach sortieren – von der kleinsten bis zur größten Zahl.

$$(3 + 4) \cdot 2 - 6 =$$
$$(6 - 5 + 1) \cdot 3 =$$
$$4 \cdot 4 - 9 + 2 =$$
$$(7 + 3) \cdot 5 - 47 =$$

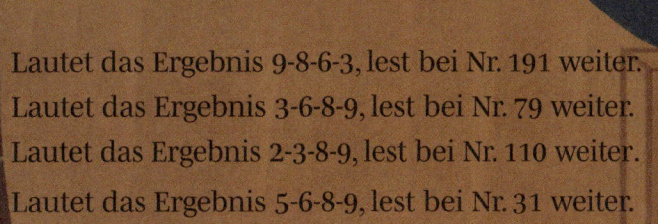

Lautet das Ergebnis 9-8-6-3, lest bei Nr. 191 weiter.

Lautet das Ergebnis 3-6-8-9, lest bei Nr. 79 weiter.

Lautet das Ergebnis 2-3-8-9, lest bei Nr. 110 weiter.

Lautet das Ergebnis 5-6-8-9, lest bei Nr. 31 weiter.

26 Euer Namensgedächtnis ist wohl nicht das beste. Ihr verliert ein Leben und müsst zurück zur Nr. 114.

27 Das Wörter-Finden müsst ihr noch üben! Ihr verliert ein Leben und müsst zurück zur Nr. 193.

28 Das war leider nicht der schnellste Weg von London nach Paris. Ihr verliert ein Leben und kauft eine Rückfahrkarte zur Nr. 86.

29 Puh! Ihr habt den richtigen Fluchtweg gefunden und seid aus Moriartys Versteck entkommen, aber hinter euch hört ihr Schritte. Beim Geheimausgang findet ihr Skier, aber sie sind in einem Schrank eingeschlossen. Damit könntet ihr besonders schnell ins Tal fliehen.

Neben dem Schrank hängen vier Schlüssel. Welcher passt zu der Form, die sich an der Schranktür abzeichnet?

Ist eure Antwort A, lest weiter bei Nr. 174.

Ist eure Antwort B, lest weiter bei Nr. 163.

Ist eure Antwort C, lest weiter bei Nr. 78.

Ist eure Antwort D, lest weiter bei Nr. 52.

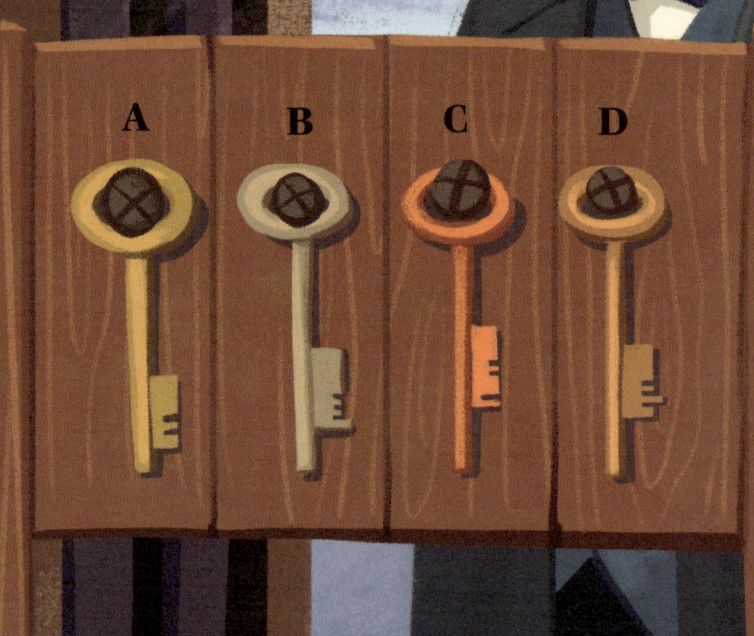

30 Das war nicht die richtige Botschaft. Ihr verliert ein Leben und müsst zurück zur Nr. 131.

31 Mit dieser Kombination bekommt man die Tür leider nicht auf. Ihr verliert ein Leben und müsst zurück zur Nr. 25.

A   B   C   D

32 Ihr habt das richtige Boot gefunden. Zurück in England geht ihr ins Museum der Baskervilles und bringt den Diamanten zurück an seinen Platz. Ihr informiert die Polizei über Moriartys Geheimversteck in den Bergen, und ein paar Tage später erfahrt ihr, dass er zusammen mit Oberst Moran, Jack Stapleton und dem Rest seiner Bande verhaftet wurde.

HERZLICHEN GLÜCKWUNSCH! Ihr habt eure Mission erfüllt.

33 Das ist leider nicht das richtige Fenster. Ihr verliert ein Leben und klettert zurück zur Nr. 127.

34 So heißt euer Bergführer nicht. Ihr verliert ein Leben und müsst zurück zur Nr. 173.

35 In dieser Stadt steht das Kolosseum nicht. Ihr verliert ein Leben und reist zurück zur Nr. 204.

36

Uff! Ihr habt die Bombe entschärft, und der Zug kommt heil in Rom an. Ihr müsst vor Christa Belle in Moriartys Versteck sein! Es liegt an der Ecke der Via dei Serpenti und der Via Irene Adler. Wie kommt man am schnellsten dorthin?

A: Auf die Straßenbahn warten: 6 Minuten und 54 Sekunden; Fahrt mit der Bahn: 7 Minuten, 45 Sekunden; laufen: 2 Minuten, 21 Sekunden

B: Den ganzen Weg laufen: 16 Minuten, 50 Sekunden

C: Auf die Pferde-Tram warten: 3 Minuten, 11 Sekunden; Fahrt mit der Pferde-Tram: 9 Minuten, 49 Sekunden; laufen: 3 Minuten, 55 Sekunden

37 Das ist der falsche Fingerabdruck. Ihr verliert ein Leben und müsst zurück zur Nr. 54.

38 Das ist nicht der Inhalt der geheimen Botschaft. Ihr verliert ein Leben und müsst zurück zur Nr. 100.

Ist eure Antwort A, lest weiter bei Nr. 184.

Ist eure Antwort B, lest weiter bei Nr. 51.

Ist eure Antwort C, lest weiter bei Nr. 137.

39 Vielleicht müsst ihr noch ein bisschen puzzeln üben. In dieser Reihenfolge passen die Teile der Kachel nicht zusammen. Ihr verliert ein Leben und müsst zurück zur Nr. 141.

40

Ihr erinnert euch an den Namen des Bergs. In der Bibliothek findet ihr heraus, dass der Reichenbacher Berg in der Nähe des Dorfes Meiringen in den Schweizer Alpen liegt. Ihr eilt zum Bahnhof und lest die Fahrpläne. Wie lange braucht ihr mit dem Zug nach Meiringen, wenn das Umsteigen in jedem Bahnhof durchschnittlich 12 Minuten dauert?

TRENI IN PARTENZA

Von Rom nach Mailand: 4 Stunden, 13 Minuten

Von Mailand nach Lugano: 2 Stunden, 34 Minuten

Von Lugano nach Luzern: 1 Stunde, 41 Minuten

Von Luzern nach Meiringen: 1 Stunde, 2 Minuten

Wenn ihr glaubt, ihr braucht 10 Stunden und 6 Minuten, lest weiter bei Nr. 173.

Wenn ihr glaubt, ihr braucht 9 Stunden und 56 Minuten, lest weiter bei Nr. 56.

Wenn ihr glaubt, ihr braucht 10 Stunden und 18 Minuten, lest weiter bei Nr. 140.

Wenn ihr glaubt, ihr braucht 10 Stunden und 2 Minuten, lest weiter bei Nr. 128.

41
Hoppla! Das war der falsche Weg über die Kacheln der Schatzkammer. Ihr verliert ein Leben und müsst zurück zur Nr. 68.

42
Nein, der Gang liegt nicht hinter diesem Regal. Ihr verliert ein Leben und müsst zurück zur Nr. 200. Schaut nochmal auf die Karte.

43
Ihr habt die falsche Zündschnur gekappt, gleich geht die Bombe hoch! Ihr verliert ein Leben und rennt zurück zur Nr. 90.

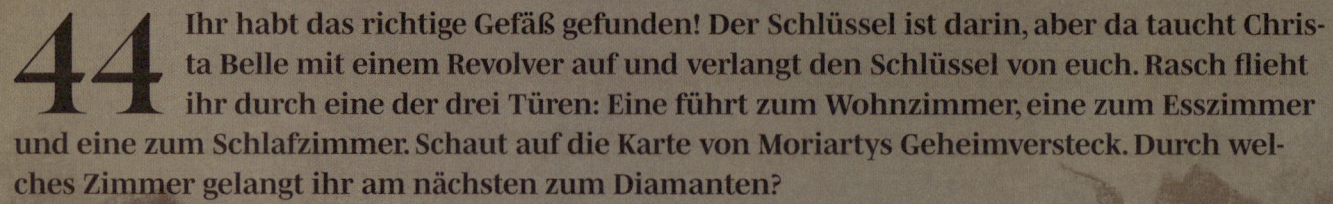

44

Ihr habt das richtige Gefäß gefunden! Der Schlüssel ist darin, aber da taucht Christa Belle mit einem Revolver auf und verlangt den Schlüssel von euch. Rasch flieht ihr durch eine der drei Türen: Eine führt zum Wohnzimmer, eine zum Esszimmer und eine zum Schlafzimmer. Schaut auf die Karte von Moriartys Geheimversteck. Durch welches Zimmer gelangt ihr am nächsten zum Diamanten?

Wenn ihr glaubt, es ist das Wohnzimmer, lest weiter bei Nr. 94.

Wenn ihr glaubt, es ist das Esszimmer, lest weiter bei Nr. 126.

Wenn ihr glaubt, es ist das Schlafzimmer, lest weiter bei Nr. 68.

45 So sieht Moriartys Haus aus der Luft nicht aus. Ihr verliert ein Leben und müsst zurück zur Nr. 97.

46 Diese Form ist nicht die richtige Ergänzung der Reihe. Ihr verliert ein Leben und müsst zurück zur Nr. 169.

47

Ihr geht durch die richtige Tür und gelangt in einen leeren Raum. Auf dem Boden liegt eine zerrissene Karte. Ihr seid sicher, dass sich dahinter ein Hinweis verbirgt, und setzt sie wieder zusammen. – Es ist eine Europakarte. Zum Schluss fehlt noch ein Teil, aber auf dem Boden liegen noch weitere Schnipsel, die passen könnten. Welcher ist der richtige?

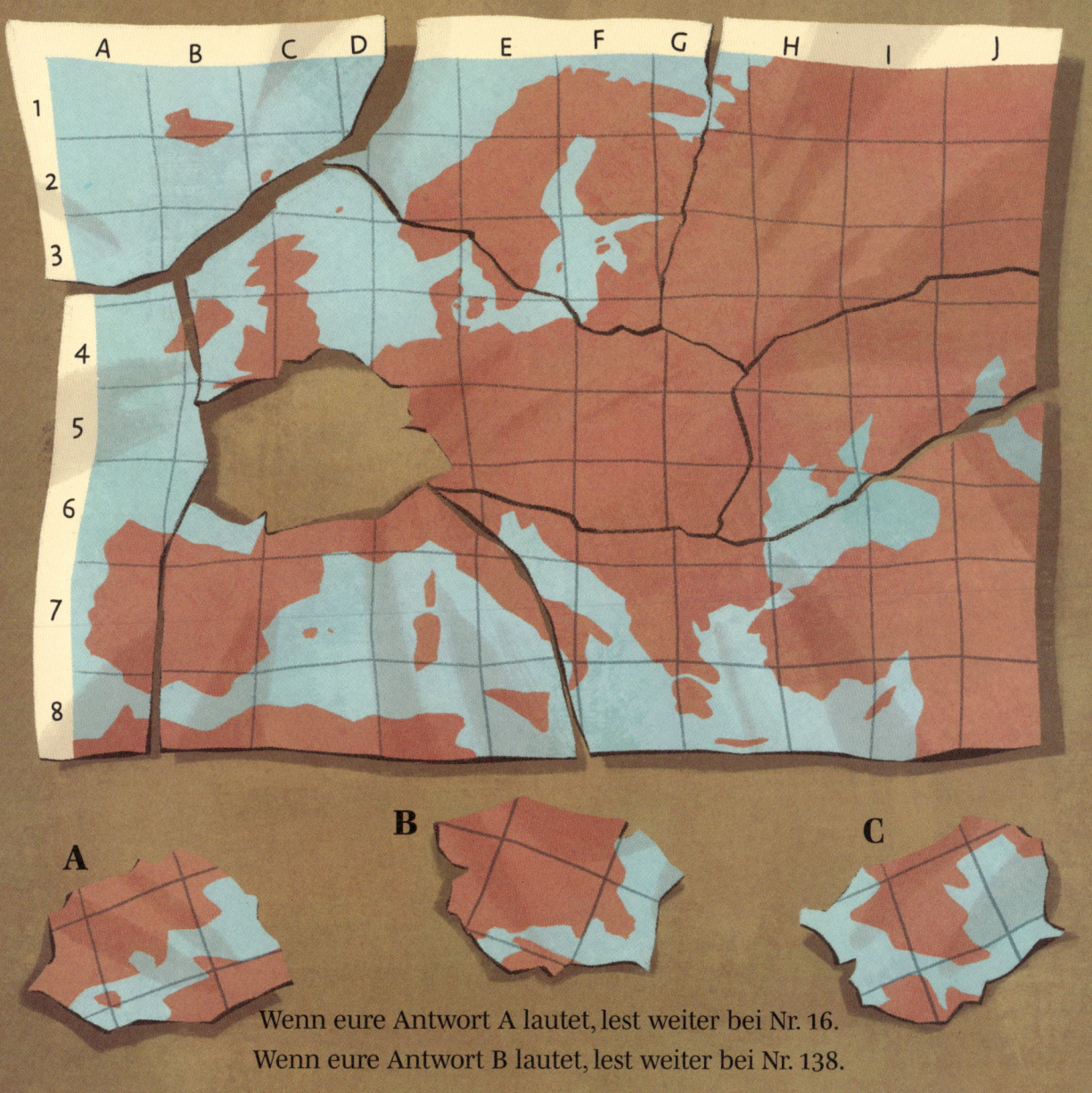

Wenn eure Antwort A lautet, lest weiter bei Nr. 16.

Wenn eure Antwort B lautet, lest weiter bei Nr. 138.

Wenn eure Antwort C lautet, lest weiter bei Nr. 101.

48 Das war nicht die schnellste Verbindung von London nach Paris. Ihr verliert ein Leben und reist zurück zur Nr. 86.

49 Diese Adresse stimmt nicht. Ihr verliert ein Leben und müsst den Weg zurück zur Nr. 18 finden.

50 Es ist nicht Moriarty. Vielleicht seid ihr darüber ganz froh! Ihr verliert ein Leben und müsst zurück zur Nr. 163.

51 Ihr findet heraus, dass ihr zu Fuß am schnellsten zu Moriartys Versteck kommt. Und ihr habt Glück, denn ihr seht gerade noch, wie Christa Belle dort einen Code mit fünf Zeichen eingibt. Sie versperrt euch die Sicht, aber ihr erkennt, dass die Zahl 9 und zwei Buchstaben aus der ersten Zeile darin vorkommen. Was hat sie eingegeben? Die ersten zwei Zeichen habt ihr neulich gesehen, als Christa Belle eine verschlüsselte Botschaft aus einem Umschlag nahm. Wisst ihr noch, welche Zeichen es waren?

0 1 2 3 4 5 6 7 8 9
A B C D E F G H I
J K L M N O P Q R
S T U V W X Y Z

Wer glaubt, der Code ist B 6 W 9 P, liest weiter bei Nr. 80.

Wer glaubt, der Code ist 8 F 3 H 9, liest weiter bei Nr. 62.

Wer glaubt, der Code ist 6 B 9 F 2, liest weiter bei Nr. 75.

Wer glaubt, der Code ist 8 D 7 B 0, liest weiter bei Nr. 151.

52 Dieser Schlüssel passt nicht zu der Kreidezeichnung. Ihr verliert ein Leben und müsst zurück zur Nr. 29.

53 Das sind leider nicht die richtigen Koordinaten. Ihr verliert ein Leben und müsst den Weg zurück zur Nr. 93 finden.

54 Ihr nehmt den schnellsten Zug nach Rom. Im Zug entdeckt ihr die Frau aus dem Café, die jetzt nicht mehr verkleidet ist. Ihr wollt wissen, wer sie ist. Im Speisewagen schnappt ihr euch heimlich ihr Glas und nehmt einen Fingerabdruck ab. Den könnt ihr mit Fingerabdrücken berühmter Verbrecherinnen vergleichen.

Wer ist die Frau?

A

B

C

D

Lautet eure Antwort A, lest weiter bei Nr. 122.

Lautet eure Antwort B, lest weiter bei Nr. 37.

Lautet eure Antwort C, lest weiter bei Nr. 76.

Lautet eure Antwort D, lest weiter bei Nr. 64.

55 Ihr habt das falsche Schiff erwischt. Ihr verliert ein Leben und tuckert zurück zur Nr. 8.

56 Ihr habt euch bei der Reisezeit verrechnet. Ihr verliert ein Leben und kauft eine Rückfahrkarte zur Nr. 40.

57 Das ist das falsche Regalbrett. Ihr verliert ein Leben und blättert zurück zur Nr. 11.

58

Ihr habt die richtige Lösung gefunden und Moriarty erlaubt euch, den nächsten Raum zu betreten. In der gegenüberliegenden Mauer ist eine verschlossene Tür. Um die Kombination für das Zahlenschloss herauszufinden, müsst ihr die folgenden drei Rätsel lösen, dann die drei Lösungen zusammenrechnen und das Ergebnis mit 99 multiplizieren.

Auf dem Olymp steht ein Baum, der goldene Äpfel trägt. Herakles isst drei, Athene isst vier, Leto isst zwei und gibt ihren Kindern, Apollo und Artemis, jeweils drei. Zum Schluss hängen noch fünf Äpfel am Baum. Wie viele waren es zu Anfang?

Bei einer Reise sitzt du 207 Minuten im Zug und 15 Minuten in einem Taxi. 18 Minuten lang gehst du zu Fuß. Wie viele Stunden bist du unterwegs?

In Stradivaris Geigenwerkstatt können 5 Lehrlinge in 10 Tagen 20 Geigen bauen. Wie viele Tage brauchen 10 Lehrlinge zum Bau von 80 Geigen?

Er spielt mit uns, Watson. Wie eine Katze mit einer Maus!

Wenn eure Antwort 3-4-6-5 lautet, lest weiter bei Nr. 67.

Wenn eure Antwort 4-3-5-6 lautet, lest weiter bei Nr. 193.

Wenn eure Antwort 2-8-7-1 lautet, lest weiter bei Nr. 116.

59

Ihr habt den Mann in der Tür nicht erkannt. Ihr verliert ein Leben und müsst zurück zur Nr. 177.

60

Das waren die falschen Fußspuren. Ihr verliert ein Leben und trottet zurück zur Nr. 183.

61 Ihr habt den „falschen Napoleon" gefunden und zerschlagt die Büste. Ihr findet darin einen Zettel mit dem Namen „Peterson" und einer Telefonnummer. Aber die Ziffern sind vertauscht worden.

Diese Hinweise führen zur richtigen
Ziffernreihenfolge:

Die erste, zweite und fünfte Ziffer sind Primzahlen.

Die ersten beiden Ziffern ergeben zusammen acht.

Die vierte Ziffer ist um fünf größer als die dritte.

Die erste Ziffer ist kleiner als die sechste.

PETERSON
654321

Glaubt ihr, die Lösung ist 251634, lest weiter bei Nr. 149.
Glaubt ihr, die Lösung ist 351624, lest weiter bei Nr. 200.
Glaubt ihr, die Lösung ist 531624, lest weiter bei Nr. 3.

62 Ihr habt den falschen Code eingegeben und verliert ein Leben. Versucht euch genau zu erinnern und geht schnell zurück zur Nr. 51.

63 Das Entschlüsseln müsst ihr noch üben. Ihr verliert ein Leben und müsst zurück zur Nr. 180.

64 Ihr findet den passenden Fingerabdruck. Er führt euch zu dem Namen CIALHS-BLRTEE. Bestimmt ist das ein Code. Ihr versucht ihn zu knacken, indem ihr die Buchstaben nacheinander in drei Spalten untereinander schreibt. In jeder Spalte stehen dann also vier Buchstaben. Was kann man jetzt waagerecht lesen?

Wenn „Charlie Brett" eure Antwort ist, lest weiter bei Nr. 136.

Wenn „Stabiler Elch" eure Antwort ist, lest weiter bei Nr. 157.

Wenn „Christa Belle" eure Antwort ist, lest weiter bei Nr. 144.

Wenn „Elsbeth Caril" eure Antwort ist, lest weiter bei Nr. 17.

65 Das ist der falsche Handschuh. Ihr verliert ein Leben und müsst zurück zur Nr. 1.

66 Das ist der falsche Weg durchs Labyrinth. Ihr verliert ein Leben und schleicht zurück zur Nr. 155.

67 Das ist die falsche Kombination. Ihr verliert ein Leben und müsst zurück zur Nr. 58.

68

Ihr rennt ins Schlafzimmer. Das ist schlau, denn von hier führt ein Geheimgang direkt in die Schatzkammer – wo sich der Diamant befindet.

Mit dem Schlüssel öffnet ihr die Kammer und schließt euch dann darin ein. Der Raum ist vollgestopft mit gestohlenen Schätzen. Am anderen Ende des Raums seht ihr eine Glasvitrine mit dem Musgrave-Diamanten! Auf einem Schild steht, wie man über den Boden läuft, ohne den Alarm auszulösen.

FLIESEN IN DIESER REIHENFOLGE BETRETEN:

Welchen Weg wählt ihr?

Ihr könnt vorwärts, rückwärts und nach links oder rechts gehen, aber nicht diagonal.

A   **B**   **C**

Beginnt euer Weg bei A, lest weiter bei Nr. 41.
Beginnt euer Weg bei B, lest weiter bei Nr. 139.
Beginnt euer Weg bei C, lest weiter bei Nr. 117.

69
Auf diesem Weg gelingt die Flucht leider nicht! Ihr verliert ein Leben und schleicht zurück zur Nr. 124.

70
Das ist nicht der Inhalt der Botschaft. Ihr verliert ein Leben und müsst zurück zur Nr. 100.

71
Ihr habt das falsche Buch auf dem falschen Brett erwischt. Ihr verliert ein Leben und blättert zurück zur Nr. 11.

72 Es gelingt euch, die Adresse zu entschlüsseln: Sie gehört zu einem Haus in South-gate, im Norden von London. Mit der Droschke fahrt ihr dorthin. Ihr klopft an die Tür, aber niemand macht auf. Daher brecht ihr durch ein Fenster ins Haus ein. Im Wohnzimmer seht ihr die Silhouette eines Mannes. Welchem von Moriartys Komplizen ähnelt der Schatten am meisten?

A

B

C

73 Das ist leider das falsche Regalbrett. Ihr verliert ein Leben und müsst zurück zur Nr. 148.

74 Ihr habt beim Entschlüsseln einen Fehler gemacht. Ihr verliert ein Leben und müsst zurück in die Zelle (Nr. 100).

Wenn ihr glaubt, dass A die Antwort ist, lest weiter bei Nr. 203.

Wenn ihr glaubt, dass B die Antwort ist, lest weiter bei Nr. 196.

Wenn ihr glaubt, dass C die Antwort ist, lest weiter bei Nr. 7.

75 Gut gemacht! Ihr habt euch an die ersten beiden Zeichen des Codes erinnert und den Rest richtig ausgetüftelt. Ihr betretet das Haus. In der Eingangshalle gibt es drei Türen, markiert mit ganz ähnlichen Symbolen. Welches Zeichen war auch auf der Kachel aus dem Koffer?

Wenn ihr glaubt, A ist die richtige Tür, lest weiter bei Nr. 169.

Wenn ihr glaubt, B ist die richtige Tür, lest weiter bei Nr. 13.

Wenn ihr glaubt, C ist die richtige Tür, lest weiter bei Nr. 197.

76 Das ist nicht der richtige Fingerabdruck. Ihr verliert ein Leben. Säubert eure Lupe und geht zurück zur Nr. 54.

77 Wenn ihr diesen Weg nehmt, löst ihr Alarm aus! Ihr verliert ein Leben und eilt zurück zur Nr. 79.

78 Dieser Schlüssel passt nicht ins Schloss des Ski-Schranks. Ihr verliert ein Leben und müsst zurück zur Nr. 29.

79

Es gelingt euch, die Stahltür zu öffnen. Im Raum dahinter liegt eine verzierte Schachtel, in der der gestohlene Diamant liegen könnte. Doch der Boden des Raums ist voller Fallen. Ihr dürft nur auf Felder mit Zahlen treten, die durch sechs teilbar sind, sonst geht der Alarm los.

12	55	90	37	50	24	14	64
6	7	54	39	90	73	4	59
52	61	29	66	27	19	26	93
11	84	6	63	86	33	10	35
48	29	47	72	83	78	40	9
8	56	39	18	24	42	60	92
31	13	28	54	48	1	45	66
19	87	15	36	12	85	25	6

A   B   C

Auf welchem Weg gelangt ihr auf die andere Seite?

Wenn A eure Antwort ist, lest weiter bei Nr. 77.
Wenn B eure Antwort ist, lest weiter bei Nr. 155.
Wenn C eure Antwort ist, lest weiter bei Nr. 129.

80 Ihr habt euch falsch erinnert. Ihr verliert ein Leben und müsst zurück zur Nr. 51.

81 Leider steht auf dem Zettel etwas anderes. Ihr verliert ein Leben und müsst zurück zur Nr. 120.

Moriarty ist also gar nicht mehr in Paris. Sicher ist er mit dem Diamanten nach Rom geflohen. Welcher der drei Züge bringt euch am schnellsten von Paris nach Rom? Jeder Halt in einem Bahnhof verlängert die Reise um zwölf Minuten.

ABFAHRT	ZIEL	ZWISCHENHALTE IN
14:40	Rom	Lyon, Mailand, Bologna, Florenz
15:03	Rom	Lyon, Turin
15:30	Rom	

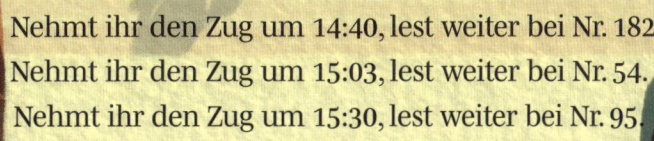

Nehmt ihr den Zug um 14:40, lest weiter bei Nr. 182.
Nehmt ihr den Zug um 15:03, lest weiter bei Nr. 54.
Nehmt ihr den Zug um 15:30, lest weiter bei Nr. 95.

83 Das ist leider das falsche Schiff. Ihr verliert ein Leben und fahrt zurück zur Nr. 8.

84 Das ist nicht die richtige Reihenfolge der Scherben. Ihr verliert ein Leben und müsst zurück zur Nr. 141.

85 So heißt der Mann nicht. Ihr verliert ein Leben und müsst zurück zur Nr. 103.

86

Ihr habt herausgefunden, dass Moriarty in die französische Hauptstadt Paris gereist ist. Wie kommt ihr mit Zug und Schiff am schnellsten von London aus dorthin?

Wenn ihr glaubt, dass man vom Bahnhof Charing Cross aus am schnellsten ist, lest weiter bei Nr. 187.

Wenn ihr glaubt, dass man vom Bahnhof Cannon Street aus am schnellsten ist, lest weiter bei Nr. 48.

Wenn ihr glaubt, dass man von der Victoria Station aus am schnellsten ist, lest weiter bei Nr. 28.

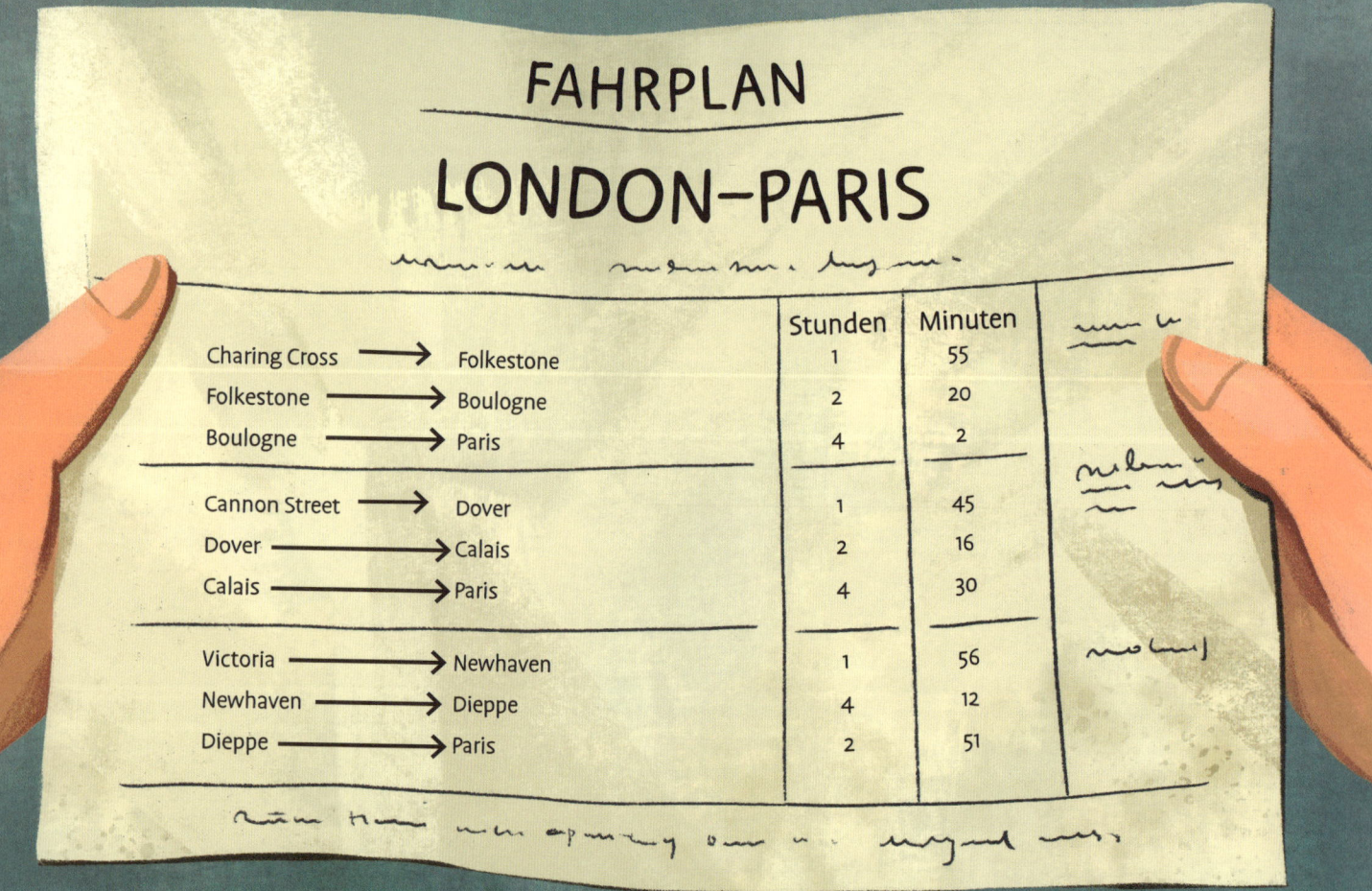

FAHRPLAN
LONDON–PARIS

		Stunden	Minuten
Charing Cross → Folkestone		1	55
Folkestone → Boulogne		2	20
Boulogne → Paris		4	2
Cannon Street → Dover		1	45
Dover → Calais		2	16
Calais → Paris		4	30
Victoria → Newhaven		1	56
Newhaven → Dieppe		4	12
Dieppe → Paris		2	51

87 Die Zahlen sind leider falsch! Ihr verliert ein Leben und müsst zurück zur Nr. 159.

88 Leider habt ihr ein schlechtes Gedächtnis für Bergnamen. Ihr verliert ein Leben und müsst zurück zur Nr. 111.

89 Ihr habt das falsche Fenster gewählt. Ihr verliert ein Leben und klettert zurück zur Nr. 127.

90

Ihr habt es geschafft, die Kachel wieder zusammenzusetzen. Inzwischen ist Christa Belle aus dem Zug gesprungen – und hat eine Bombe zurückgelassen! Nur eine von drei brennenden Zündschnüren führt zu der Bombe, aber sie sind alle miteinander verknäult. Welche Zündschnur müsst ihr durchschneiden (bevor ihr dann am besten noch alle löscht …)?

A   **B**   **C**

Wenn eure Antwort A lautet, lest weiter bei Nr. 161.
Wenn eure Antwort B lautet, lest weiter bei Nr. 43.
Wenn eure Antwort C lautet, lest weiter bei Nr. 36.

91
Das ist das falsche Wandstück. Ihr verliert ein Leben und müsst zurück zur Nr. 196.

92
Bei diesen Koordinaten liegt der Berg nicht. Ihr verliert ein Leben und müsst zurück zur Nr. 93.

93

Ihr habt Moriartys letzte Aufgabe bestanden. Ihr öffnet die Tür zur Straße, doch sofort erscheinen seine Wachen und fangen euch wieder. Sie drängen euch zurück ins Haus, die Treppe hinunter in eine Zelle. Ihr hättet wissen müssen, dass Moriarty sich nicht an seine eigenen Regeln halten würde!

Christa Belle ist auch dort eingesperrt. Sie sagt, Moriarty habe den Diamanten in einer geheimen Höhle unter einem Berg versteckt. Dann zieht sie eine Karte von Europa hervor. Für die Koordinaten des Bergs hat sie zwei Hinweise: Der Buchstabe liegt drei Stellen vor dem G. Die Zahl ist die Lösung der folgenden Aufgabe: $2 \cdot 9 : 3$. Findet ihr heraus, wo er liegt?

Reichenbacher Berg

Wenn ihr glaubt, die Koordinaten lauten D6, dann lest weiter bei Nr. 177.

Wenn ihr glaubt, die Koordinaten lauten E5, dann lest weiter bei Nr. 53.

Wenn ihr glaubt, die Koordinaten lauten C6, dann lest weiter bei Nr. 92.

94
Ihr habt den falschen Raum erwischt! Ihr verliert ein Leben und rennt zurück zur Nr. 44.

95
Das war nicht der schnellste Zug nach Rom. Ihr verliert ein Leben und kauft eine Express-Fahrkarte zurück zur Nr. 82.

96
In dieser Stadt findet ihr das Kolosseum leider nicht. Da könnt ihr noch so viel suchen. Ihr verliert ein Leben und müsst zurück zur Nr. 204.

97 Ihr erkennt Peterson, und er gibt euch ein Foto von Moriartys Haus. Es ist gut bewacht. In einem Heißluftballon fliegt ihr über Paris. Ihr hofft, auf dem Dach des Hauses landen zu können und Moriarty so zu überraschen. Welches der Häuser, die ihr aus der Luft sehen könnt, ist das Haus auf dem Foto?

Ich mache mir Sorgen, Watson. Vielleicht geraten wir in eine Falle.

A

B

C

Ist eure Antwort A, lest weiter bei Nr. 152.
Ist eure Antwort B, lest weiter bei Nr. 45.
Ist eure Antwort C, lest weiter bei Nr. 135.

98 Das sind leider nicht die Spuren von Christa Belle. Ihr verliert ein Leben und stapft zurück durch den Schnee zur Nr. 183.

99 Pardon, aber ihr habt die Botschaft falsch entschlüsselt. Ihr verliert ein Leben und müsst zurück zur Nr. 120.

100

Ihr habt recht: Es ist Peterson. Er arbeitet für Moriarty, ist aber in Wirklichkeit euer Freund. Er bringt euch etwas zu essen. Unter der Suppenschüssel findet ihr ein Stück Papier, auf dem etwas geschrieben steht. Eine Geheimbotschaft? Was bedeutet sie?

Freunde, verzweifelt nicht! Wer Hilfe sucht, dem wird geholfen. Lebt nicht unter dem Eindruck, ihr wärt allein. Den Kummer vergesst rasch, denn viele Stufen führen ans Licht. Jedes sechste Wort.

Glaubt ihr, die Botschaft verrät euch, wem ihr trauen könnt, lest weiter bei Nr. 74.

Glaubt ihr, die Botschaft warnt euch, dass das Essen vergiftet ist, lest weiter bei Nr. 70.

Glaubt ihr, die Botschaft verrät euch, wann etwas Bestimmtes passieren wird, lest weiter bei Nr. 38.

Glaubt ihr, die Botschaft verrät euch, wo ihr etwas suchen sollt, lest weiter bei Nr. 166.

101
Das ist leider nicht der fehlende Schnipsel. Ihr verliert ein Leben und müsst zurück zur Nr. 47.

102
Das ist leider nicht die richtige Adresse. Ihr verliert ein Leben und werdet zurück zur Nr. 18 geschickt.

103

Ihr klettert am Drahtseil hinunter und landet auf dem Felsen. Durch ein Loch kann man in die Eingangshalle der Höhle klettern. Ihr schaut hinab und seht Christa Belle! Ein Mann kommt herein und gibt ihr einen Zettel. Ihr hört, wie Christa Belle ihn mit seinem Codenamen JAN STOCK anspricht. Um seinen wirklichen Namen herauszufinden, vergleicht ihr den Codenamen mit den Namen von vier möglichen Verdächtigen. Welcher dieser Namen enthält alle Buchstaben von JAN STOCK?

Wer glaubt, es ist John Lancer, liest weiter bei Nr. 4.

Wer glaubt, es ist Jean-Paul Dupond, liest weiter bei Nr. 85.

Wer glaubt, es ist Carl Potts, liest weiter bei Nr. 164.

Wer glaubt, es ist Jack Stapleton, liest weiter bei Nr. 120.

104

Ihr habt beim Entschlüsseln einen Fehler gemacht. Ihr verliert ein Leben und müsst zurück zur Nr. 180.

105

Ihr habt den richtigen Peterson nicht erkannt. Ihr verliert ein Leben und müsst zurück zur Nr. 187.

106

Das ist leider nicht der „falsche Napoleon". Ihr verliert ein Leben und kämpft euch zurück zur Nr. 5.

107 Ihr habt die Botschaft richtig entschlüsselt: „Café Angela, Rue de Rivoli, morgen um zehn." Ihr geht am nächsten Morgen um zehn Uhr dorthin. Dort sitzt Oberst Moran. Er steht auf und lässt einen Umschlag auf dem Tisch liegen. Gleich darauf trifft eine Frau ein und nimmt den Umschlag mit. Um welche dieser drei Frauen handelt es sich? Achtung: Sie könnte verkleidet sein.

A

B

C

Lautet eure Antwort A, lest weiter bei Nr. 131.
Lautet eure Antwort B, lest weiter bei Nr. 20.
Lautet eure Antwort C, lest weiter bei Nr. 153.

108 Hier liegt Moriartys Versteck leider nicht. Ihr verliert ein Leben und müsst zurück zur Nr. 190.

109 Das ist der falsche Schlüssel. Ihr verliert ein Leben und müsst zurück zur Nr. 166.

110 Das ist leider nicht die Kombination für den Tresor. Ihr verliert ein Leben und müsst zurück zur Nr. 25.

111 Mit dem Schlüssel könnt ihr aus der Zelle und aus Moriartys Haus fliehen. Christa Belle entwischt euch. Wisst ihr noch, wie der Berg auf dem Zettel heißt, den ihr bei ihr gesehen habt? Der Berg, unter dem der Diamant versteckt sein soll?

112 Das sind die falschen Koordinaten. Ihr verliert ein Leben und müsst zurück zur Nr. 138.

113 Ihr habt den Mann auf Skiern nicht wiedererkannt. Ihr verliert ein Leben und müsst zurück zur Nr. 163.

Wenn ihr glaubt „Rockenburger Berg", lest weiter bei Nr. 154.
Wenn ihr glaubt „Reichenbacher Berg", lest weiter bei Nr. 40.
Wenn ihr glaubt „Rodenbacher Berg", lest weiter bei Nr. 88.

114

Herzlichen Glückwunsch! Ihr habt es durch das Labyrinth geschafft. Auf der anderen Seite des Gartens findet ihr die Bibliothek. Ihr geht hinein und entdeckt einen Mann. Er ist euch schon einmal über den Weg gelaufen. Wisst ihr noch, wie er heißt?

Wer glaubt, dass es General Moreno ist, liest weiter bei Nr. 118.

Wer glaubt, dass es Kapitän Maron ist, liest weiter bei Nr. 26.

Wer glaubt, dass es Oberst Moran ist, liest weiter bei Nr. 11.

Wer glaubt, dass es Leutnant Maroon ist, liest weiter bei Nr. 130.

115

Das ist der falsche Fluchtweg! Ihr verliert ein Leben und müsst zurück zur Nr. 124.

116

Das ist die falsche Kombination. Ihr verliert ein Leben. Übt euch im Rätseln und geht zurück zur Nr. 58.

117 Christa Belle trommelt an die Tür und will hereingelassen werden. Von draußen hört man Schritte im Schnee: Moriarty ist gekommen! Um die Vitrine zu öffnen, müsst ihr ein mathematisches Rätsel lösen. Damit die Aufgabe aufgeht, muss in jede Lücke das richtige Rechenzeichen eingefügt werden. Die einzelnen Rechenschritte sollen nacheinander von links nach rechts ausgeführt werden.

Zur Auswahl stehen die Rechenzeichen + − · :

$$60 \square 20 \square 4 \square 5 = 100$$

Wenn ihr glaubt, die Lösung lautet + − :, lest weiter bei Nr. 188.

Wenn ihr glaubt, die Lösung lautet − · :, lest weiter bei Nr. 143.

Wenn ihr glaubt, die Lösung lautet · − +, lest weiter bei Nr. 23.

Wenn ihr glaubt, die Lösung lautet + : ·, lest weiter bei Nr. 124.

118 Nein, der Mann heißt nicht General Moreno. Ihr verliert ein Leben und müsst zurück zur Nr. 114.

119 Auf diesem Regalbrett steht das Buch leider nicht. Ihr verliert ein Leben und kehrt zurück zur Nr. 11.

120 Ihr habt den Mann richtig identifiziert: Es ist Jack Stapleton, ein Dieb, der schon früher mit Christa Belle Geschäfte gemacht hat, jetzt aber für Moriarty arbeitet. Heimlich zieht ihr Christa Belle den Zettel aus der Tasche. Darauf stehen seltsame Wörter:

VXFKH LP IDOVFKHQ QDSROHRQ

Ihr begreift: Jeder Buchstabe wurde durch einen anderen verschlüsselt. Könnt ihr den Code knacken?

Wenn ihr glaubt, dort steht: FINDE DEN DIAMANTEN GRABEND, lest weiter bei Nr. 99.

Wenn ihr glaubt, dort steht: SUCHE IM FALSCHEN NAPOLEON, lest weiter bei Nr. 5.

Wenn ihr glaubt, dort steht: SUCHE IM FALSCHEN VERSTECK, lest weiter bei Nr. 189.

Wenn ihr glaubt, dort steht: SUCHE IM FRISCHEN KOPFSALAT, lest weiter bei Nr. 81.

121 Hier wird es gefährlich! Tür zu, aber schnell! Ihr verliert ein Leben und eilt zurück zur Nr. 134.

122 Das ist nicht der Fingerabdruck der verdächtigen Frau. Ihr verliert ein Leben und müsst zurück zur Nr. 54.

123 Der Name Moran fehlt nicht im Gitter. Das Wörter-Finden müsst ihr noch üben. Ihr verliert ein Leben und müsst zurück zur Nr. 193.

124

Ihr habt die Aufgabe gelöst, und die Vitrine lässt sich öffnen. Jetzt müsst ihr mit dem Diamanten entkommen. Christa Belle ist im Schlafzimmer. Moriarty und seine Wächter sind in der Eingangshalle angekommen. Findet ihr mithilfe der Karte einen Fluchtweg aus der Höhle, auf dem ihr nicht gesehen werdet?

A Waffenkammer – Bibliothek – Küche – und durch den Geheimausgang ins Freie

B Schlafzimmer – Küche – und durch den Geheimausgang ins Freie

C Waffenkammer – Bibliothek – Eingangshalle – und durch den Haupteingang ins Freie

Wenn ihr Weg A wählt, lest weiter bei Nr. 29.
Wenn ihr Weg B wählt, lest weiter bei Nr. 69.
Wenn ihr Weg C wählt, lest weiter bei Nr. 115.

125 Ihr habt es an der falschen Stelle versucht. Ihr verliert ein Leben und müsst zurück zur Nr. 196.

126 Das ist kein guter Fluchtweg. Ihr verliert ein Leben und eilt zurück zur Nr. 44.

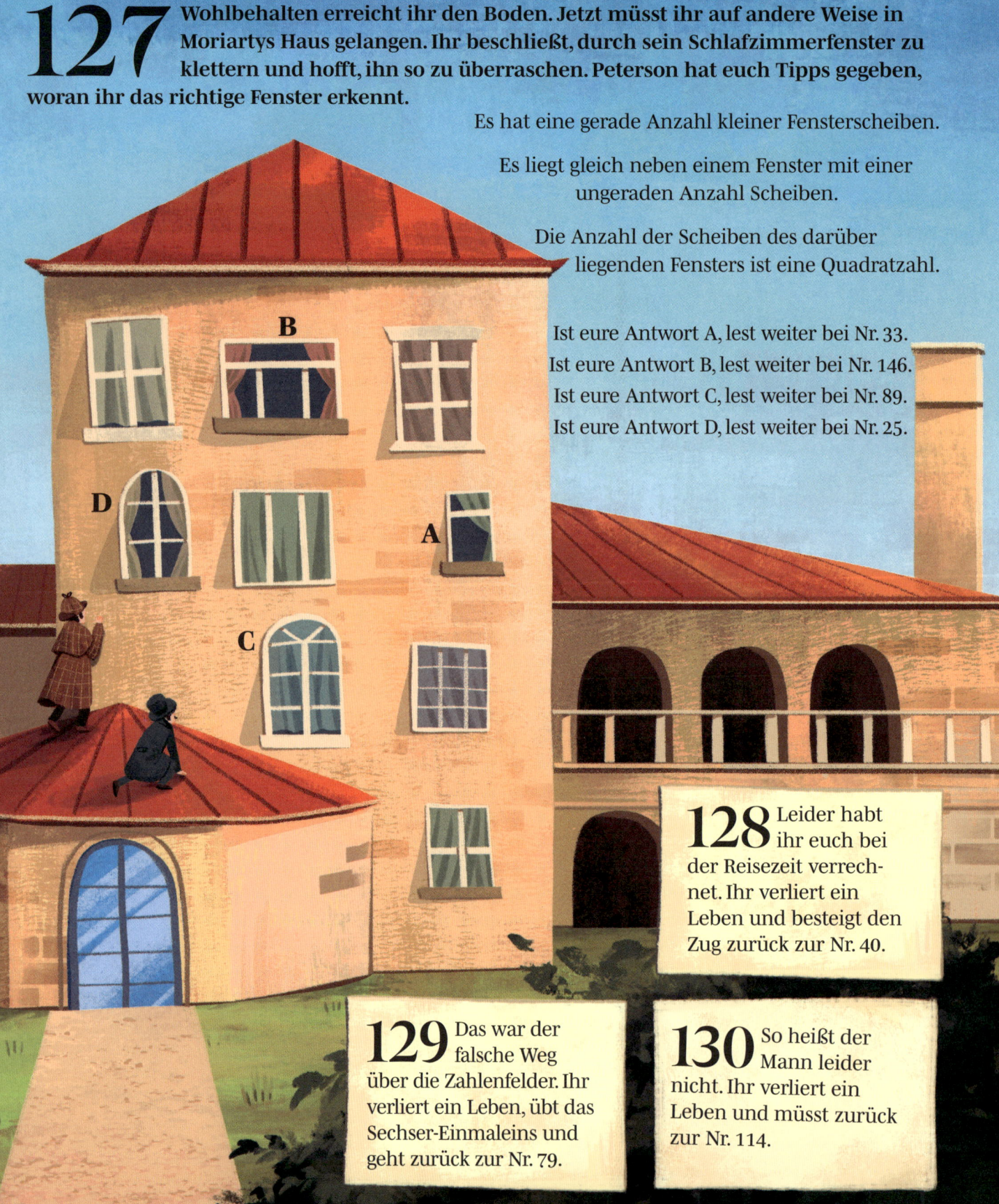

127 Wohlbehalten erreicht ihr den Boden. Jetzt müsst ihr auf andere Weise in Moriartys Haus gelangen. Ihr beschließt, durch sein Schlafzimmerfenster zu klettern und hofft, ihn so zu überraschen. Peterson hat euch Tipps gegeben, woran ihr das richtige Fenster erkennt.

Es hat eine gerade Anzahl kleiner Fensterscheiben.

Es liegt gleich neben einem Fenster mit einer ungeraden Anzahl Scheiben.

Die Anzahl der Scheiben des darüber liegenden Fensters ist eine Quadratzahl.

Ist eure Antwort A, lest weiter bei Nr. 33.

Ist eure Antwort B, lest weiter bei Nr. 146.

Ist eure Antwort C, lest weiter bei Nr. 89.

Ist eure Antwort D, lest weiter bei Nr. 25.

128 Leider habt ihr euch bei der Reisezeit verrechnet. Ihr verliert ein Leben und besteigt den Zug zurück zur Nr. 40.

129 Das war der falsche Weg über die Zahlenfelder. Ihr verliert ein Leben, übt das Sechser-Einmaleins und geht zurück zur Nr. 79.

130 So heißt der Mann leider nicht. Ihr verliert ein Leben und müsst zurück zur Nr. 114.

131 Ihr erkennt die Frau wieder: Sie war schon früher in Moriartys Geschäfte verwickelt. Sie öffnet den Briefumschlag und nimmt einen mit Buchstaben und Zahlen beschriebenen Zettel heraus, von dem ihr aber nur ein Stück erkennen könnt. Dann nimmt sie ein Bild heraus, betrachtet es, zerreißt es und wirft die Schnipsel weg. Als sie gegangen ist, hebt ihr sie rasch auf. Könnt ihr sie wieder zusammensetzen?

Was bedeutet die geheime Botschaft auf dem Bild?

Wenn ihr glaubt, dass sie Angaben zu einem Treffen enthält, lest weiter bei Nr. 30.

Wenn ihr glaubt, dass sie euch verrät, wo jemand sich aufhält, lest weiter bei Nr. 204.

Wenn ihr glaubt, dass sie euch vor einer Falle warnt, lest weiter bei Nr. 186.

132 Auf diesem Regalbrett steht es nicht. Ihr verliert ein Leben und müsst zurück zur Nr. 148.

133 Das ist leider der falsche Handschuh. Ihr verliert ein Leben und müsst zurück zur Nr. 1.

Ihr findet die Geheimtür in der Wand und geht hindurch. Dahinter führen Stufen hinab in die Dunkelheit. Ihr zündet eine Kerze an und steigt hinunter. Dort ist ein Keller mit vier weiteren Türen. Hinter welcher lauert keine Gefahr?

Ist eure Antwort A, lest weiter bei Nr. 121.

Ist eure Antwort B, lest weiter bei Nr. 194.

Ist eure Antwort C, lest weiter bei Nr. 47.

Ist eure Antwort D, lest weiter bei Nr. 206.

A B C D

135 Das ist nicht dasselbe Gebäude wie auf dem Bild. Ihr verliert ein Leben und fliegt per Ballon zurück zur Nr. 97.

136 Das Entschlüsseln müsst ihr noch üben. Ihr verliert ein Leben und müsst zurück zur Nr. 64.

137 Das war nicht der schnellste Weg zu Moriartys Versteck. Ihr verliert ein Leben und eilt zurück zur Nr. 36. Keine Zeit zu verlieren!

138

Ihr habt die Karte wieder zusammengesetzt. Im letzten Stück versteckt sich Moriarty. Auf der Rückseite steht ein verschlüsseltes Wort. Knackt den Code und findet heraus, wo der Schurke ist. Bei welchen Koordinaten der Karte liegt dieser Ort?

Wenn eure Antwort F4 lautet, lest weiter bei Nr. 162.
Wenn eure Antwort C5 lautet, lest weiter bei Nr. 86.
Wenn eure Antwort E3 lautet, lest weiter bei Nr. 24.
Wenn eure Antwort G7 lautet, lest weiter bei Nr. 112.

139

Leider habt ihr den falschen Weg gewählt. Ihr verliert ein Leben und müsst zurück zur Nr. 68.

140

Ihr habt die Reisezeit falsch ausgerechnet. Ihr verliert ein Leben und nehmt den Schnellzug zurück zur Nr. 40.

141

Ihr findet heraus, dass Moriartys Versteck sich in der Via dei Serpenti befindet. Doch da wacht Christa Belle auf und sieht, dass ihr ihren Koffer habt. Als ihr um den Koffer kämpft, fällt eine Kachel heraus und zerbricht auf dem Boden. Christa Belle flieht mit dem Koffer. Könnt ihr die Kachel wieder zusammensetzen?

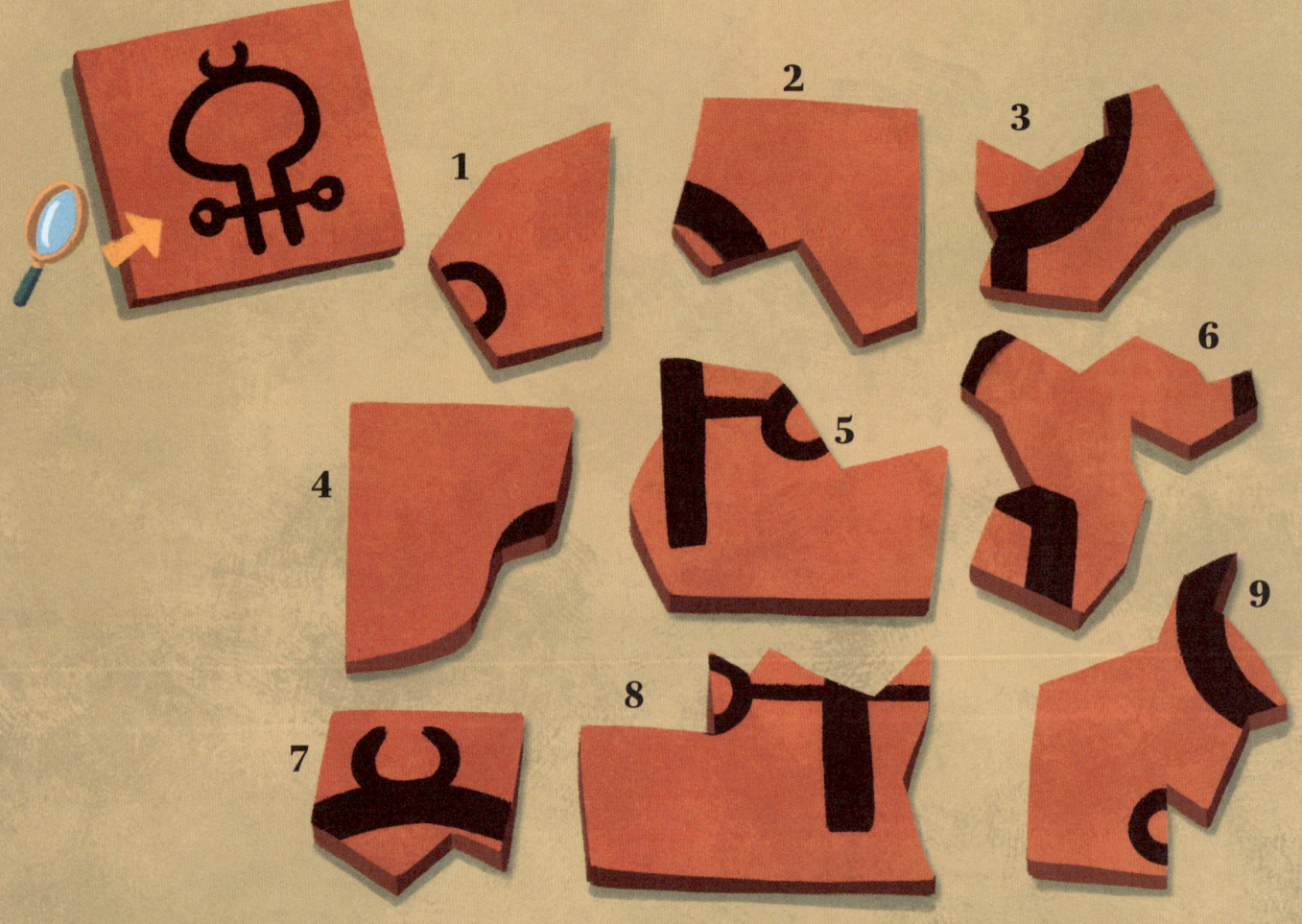

Wie passen die Scherben zusammen? Bringt die Zahlen in die richtige Reihenfolge, Zeile für Zeile, von links nach rechts und von oben nach unten.

Lautet eure Lösung 4-7-2-9-6-3-1-8-5, dann lest weiter bei Nr. 90.

Lautet eure Lösung 7-9-4-1-5-6-3-2-8, dann lest weiter bei Nr. 39.

Lautet eure Lösung 4-8-3-6-9-2-1-5-7, dann lest weiter bei Nr. 84.

Lautet eure Lösung 1-6-5-4-3-7-8-9-2, dann lest weiter bei Nr. 22.

142
Tut mir leid, das ist die falsche Stadt! Ihr verliert ein Leben und müsst zurück zur Nr. 204.

143
Diese Rechenzeichen ergeben nicht die richtige Lösung. Ihr verliert ein Leben und müsst zurück zur Nr. 117.

144

Christa Belle ist, wie ihr nun erfahrt, eine Hehlerin, die wertvolles Diebesgut weiterverkauft. Ihr glaubt, dass sie vorhat, Moriarty den Musgrave-Diamanten abzukaufen. Während sie schläft, werft ihr einen Blick in ihren Koffer: Er ist voller Geldscheine. Ihr vergleicht die Banknoten mit Geld aus eurem Portemonnaie. Sie sehen aus wie Falschgeld, aber seid ihr wirklich sicher?

Welcher dieser Scheine ist falsch?

Lautet eure Antwort A, lest weiter bei Nr. 10.
Lautet eure Antwort B, lest weiter bei Nr. 190.
Lautet eure Antwort C, lest weiter bei Nr. 178.
Lautet eure Antwort D, lest weiter bei Nr. 202.

A

Bank of England

Promise to pay the Bearer on Demand the sum of One Hundred Pounds

ONE HUNDRED   BANK OF ENGLAND

B

Bank of England

Promise to pay the Bearer on Demand the sum of One Hundred Pounds

ONE HUNDRED   BANK OF ENGLAND

C

Bank of England

Promise to pay the Bearer on Demand the sum of One Hundred Pounds

ONE HUNDRED   BANK OF ENGLAND

D

Bank of England

Promise to pay the Bearer on Demand the sum of One Hundred Pounds

ONE HUNDRED   BANK OF ENGLAND

145
Das ist nicht die richtige Ergänzung. Ihr verliert ein Leben und müsst zurück zur Nr. 169.

146
Ihr habt das falsche Fenster erwischt! Ihr verliert ein Leben und klettert zurück zur Nr. 127.

147
Auf diesem Weg kommt ihr nicht durchs Labyrinth. Ihr verliert ein Leben und wandert zurück zur Nr. 155.

148

Ihr gelangt zur Küche und entdeckt ein Regal mit verschiedenen Gefäßen. Laut Peterson ist in einem von ihnen der Schlüssel versteckt. Leider erinnert er sich nicht genau, in welchem.

Er sagte, das Gefäß sei grün und rot und außerdem blau oder gelb. Außerdem habe es einen Deckel, aber keinen Henkel, und die Seiten seien gerade. Und es sei größer als die Glocke, aber nicht so groß wie das Buch. Steht das gesuchte Gefäß auf dem oberen, dem mittleren oder dem unteren Regalbrett?

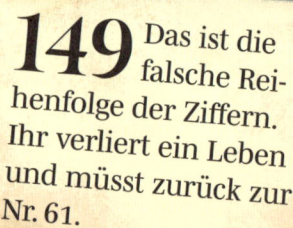

149
Das ist die falsche Reihenfolge der Ziffern. Ihr verliert ein Leben und müsst zurück zur Nr. 61.

150
Dieses Seil würde reißen, bevor ihr den Boden erreicht. Ihr verliert ein Leben. Schnell wieder hoch und dann zurück zur Nr. 152.

151
Ihr bekommt den Code nicht zusammen. Ihr verliert ein Leben und müsst zurück zur Nr. 51.

Wer glaubt, es steht auf dem oberen Brett, liest weiter bei Nr. 73.

Wer glaubt, es steht auf dem mittleren Brett, liest weiter bei Nr. 132.

Wer glaubt, es steht auf dem unteren Brett, liest weiter bei Nr. 44.

152 Ihr findet Moriartys Haus, aber ein Wachposten auf dem Dach sieht, dass ihr landen wollt, und schießt auf euch. Der Ballon verliert Luft und kracht in einen Baum. Vier Seile führen zum Boden, aber drei von ihnen drohen beim Hinabklettern zu reißen. Welches Seil ist sicher?

A   **B**   **C**   **D**

Wenn ihr glaubt, dass A sicher ist, lest weiter bei Nr. 192.

Wenn ihr glaubt, dass B sicher ist, lest weiter bei Nr. 150.

Wenn ihr glaubt, dass C sicher ist, lest weiter bei Nr. 19.

Wenn ihr glaubt, dass D sicher ist, lest weiter bei Nr. 127.

153 Ihre Verkleidung hat euch wohl getäuscht: Das ist die falsche Frau. Ihr verliert ein Leben und müsst zurück zur Nr. 107.

154 So heißt der Berg nicht. Ihr verliert ein Leben und müsst zurück zur Nr. 111.

155

Ihr schafft es, auf die andere Seite zu gelangen. Ihr öffnet die Schachtel, aber sie ist leer! Moriarty muss den Diamanten weggeschafft haben, als er euch kommen sah. Da geht der Alarm los. Eine Falle! Ihr rennt aus dem Zimmer. Überall Wächter. Über eine Treppe hinter dem Haus schleicht ihr euch in den Garten und erreicht ein Labyrinth. Wie kommt ihr hindurch, ohne den Wächtern in die Arme zu laufen?

AUSGANG

A

B   C

D

Wenn ihr glaubt, dass A richtig ist, lest weiter bei Nr. 114.

Wenn ihr glaubt, dass B richtig ist, lest weiter bei Nr. 66.

Wenn ihr glaubt, dass C richtig ist, lest weiter bei Nr. 147.

Wenn ihr glaubt, dass D richtig ist, lest weiter bei Nr. 205.

156
So heißt der Mann leider nicht. Ihr verliert ein Leben und müsst zurück zur Nr. 173.

157
So heißt die Frau leider nicht (das wäre ja echt lustig). Ihr verliert ein Leben und müsst zurück zur Nr. 64.

158
Das war nicht der gesuchte Napoleon! Ihr verliert ein Leben und müsst zurück zur Nr. 5.

159

Ihr habt richtig erkannt, welcher Name fehlt, und dürft nun den nächsten Raum betreten, in dem eine Tafel hängt. Kreide liegt bereit. „Bevor ich euch ins nächste Zimmer lasse", sagt Moriartys Stimme, „möchte ich, dass ihr die fünf Ziffern aufschreibt, die ich im Kopf habe. Ich gebe euch folgende Hinweise."

- Die Ziffern ergeben zusammen 27.
- Die zweite Ziffer ist ein Drittel dieser Summe.
- Die fünfte Ziffer ist um sieben kleiner als die zweite.
- Die dritte Ziffer ist die Differenz zwischen der zweiten und der fünften.
- Die erste Ziffer beträgt zwei mehr als die fünfte Ziffer.

160
Mit diesem Seil kommt ihr nicht nahe genug an das Dach der Höhle heran. Ihr verliert ein Leben und klettert zurück zur Nr. 21.

161
Diese Zündschnur ist nicht mit der Bombe verbunden. Ihr habt wertvolle Zeit verloren und müsst zurück zur Nr. 90.

162
Das sind die falschen Koordinaten. Ihr verliert ein Leben und müsst zurück zur Nr. 138.

Lautet eure Lösung 5-8-7-4-3, dann lest weiter bei Nr. 87.

Lautet eure Lösung 3-9-8-4-3, dann lest weiter bei Nr. 198.

Lautet eure Lösung 4-9-6-3-5, dann lest weiter bei Nr. 170.

Lautet eure Lösung 4-9-7-5-2, dann lest weiter bei Nr. 15.

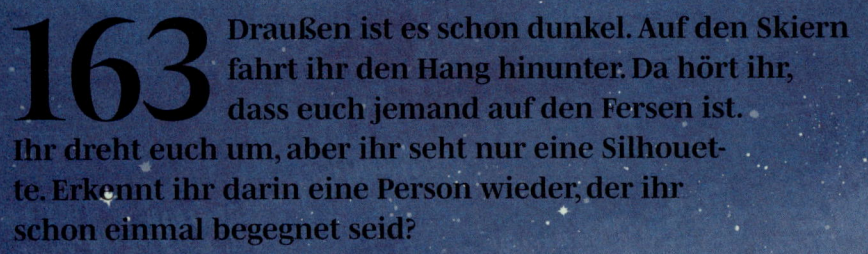

163

Draußen ist es schon dunkel. Auf den Skiern fahrt ihr den Hang hinunter. Da hört ihr, dass euch jemand auf den Fersen ist. Ihr dreht euch um, aber ihr seht nur eine Silhouette. Erkennt ihr darin eine Person wieder, der ihr schon einmal begegnet seid?

Wenn ihr glaubt, dass es Moriarty ist, lest weiter bei Nr. 50.

Wenn ihr glaubt, dass es Christa Belle ist, lest weiter bei Nr. 172.

Wenn ihr glaubt, dass es Stapleton ist, lest weiter bei Nr. 113.

Wenn ihr glaubt, dass es Peterson ist, lest weiter bei Nr. 8.

164

Das ist nicht der richtige Name. Ihr verliert ein Leben und müsst zurück zur Nr. 103.

165

Hier findet ihr Moriartys Versteck leider nicht. Ihr verliert ein Leben und müsst zurück zur Nr. 190.

166

Ihr habt die Botschaft entschlüsselt: „Sucht unter den Stufen." Unter der Treppe hinunter zur Zellentür findet ihr ein Loch im Mauerwerk, in dem ein Schlüsselbund versteckt ist. Welcher Schlüssel passt zu der Kreidezeichnung?

Lautet eure Antwort A, lest weiter bei Nr. 6.
Lautet eure Antwort B, lest weiter bei Nr. 111.
Lautet eure Antwort C, lest weiter bei Nr. 109.
Lautet eure Antwort D, lest weiter bei Nr. 179.

167
Ihr habt den Mann in der Tür nicht erkannt. Ihr verliert ein Leben und müsst zurück zur Nr. 177.

168
Das war nicht die richtige Tür. Ihr verliert ein Leben und müsst zurück zur Nr. 15.

169 Als ihr durch die Tür geht, schnappt sie hinter euch ins Schloss. Ihr seid in einem Gefängnis. Durch die Gitterstäbe sieht euch Moriarty an. Ihr seid ihm in die Falle gegangen! „Um eure Freiheit zurückzugewinnen, müsst ihr ein paar Aufgaben lösen", sagt er. Versucht als Erstes herauszufinden, welche Figur ans Ende dieser Reihe gehört, dann könnt ihr den nächsten Raum betreten.

A   B   C   D

Wenn eure Lösung A lautet, lest weiter bei Nr. 58.

Wenn eure Lösung B lautet, lest weiter bei Nr. 145.

Wenn eure Lösung C lautet, lest weiter bei Nr. 46.

Wenn eure Lösung D lautet, lest weiter bei Nr. 201.

170 An diese Zahlen hat Moriarty NICHT gedacht. Ihr verliert ein Leben und müsst zurück zur Nr. 159.

171 Schaut nochmal genau! Dieser Name steht im Buchstabengitter. Ihr verliert ein Leben und müsst zurück zur Nr. 193.

172 Ihr habt den Skifahrer im Dunkeln nicht wiedererkannt. Ihr verliert ein Leben und fahrt zurück zur Nr. 163.

173

In Meiringen angekommen begegnet ihr einer alten Dame und stellt euch als Detektive vor. Ihr fragt sie, ob sie jemanden kennt, der euch zum Reichenbacher Berg führen kann. Sie kennt einen Bergführer, möchte euch aber zuerst testen und bittet euch, seinen Namen zu entschlüsseln. Sie gibt euch einen Zettel mit drei möglichen Namen und einer Nummer. Ihr erkennt, dass ein Code benutzt wurde, bei dem jede Zahl für einen Buchstaben steht. Könnt ihr ihn knacken und die Buchstaben in die richtige Reihenfolge bringen? Der verschlüsselte Name lautet: 20-19-5-18-8-18-5-5-9-14-25-12.

Wenn ihr glaubt, dass der Mann Heini Schmidt heißt, lest weiter bei Nr. 34.

Wenn ihr glaubt, dass der Mann Henri Garnier heißt, lest weiter bei Nr. 156.

Wenn ihr glaubt, dass der Mann Henry Steiler heißt, lest weiter bei Nr. 183.

174

Dieser Schlüssel hat die falsche Form, und eure Verfolger kommen immer näher. Ihr verliert ein Leben und eilt zurück zur Nr. 29.

175

Das ist nicht der Inhalt der Botschaft. Ihr verliert ein Leben und müsst zurück zur Nr. 180.

176

Ihr habt den echten Peterson nicht erkannt. Ihr verliert ein Leben. Geht zurück zur Nr. 187 und prüft nochmal alle Tipps!

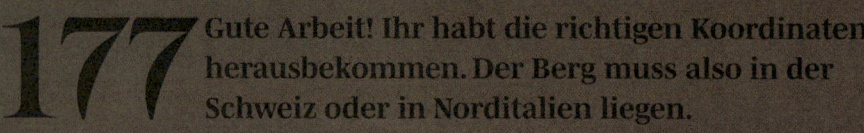

177

Gute Arbeit! Ihr habt die richtigen Koordinaten herausbekommen. Der Berg muss also in der Schweiz oder in Norditalien liegen.

Plötzlich geht die Zellentür auf und oben an der Treppe erscheint die Silhouette eines Mannes. Erkennt ihr ihn? Wie heißt er?

Wenn ihr glaubt, es ist Moriarty, lest weiter bei Nr. 59.

Wenn ihr glaubt, es ist Oberst Moran, lest weiter bei Nr. 167.

Wenn ihr glaubt, es ist Peterson, lest weiter bei Nr. 100.

178

Dieser Geldschein ist echt, nicht gefälscht. Ihr verliert ein Leben und kauft euch eine Rückfahrkarte zur Nr. 144.

179

Dieser Schlüssel passt nicht zu der Kreidezeichnung. Ihr verliert ein Leben und müsst zurück zur Nr. 166.

180

Ihr habt das richtige Buch gefunden: *Sturmhöhe*, ein Roman von Emily Brontë (veröffentlicht unter dem Namen Ellis Bell). Ihr findet die Botschaft, aber sie ist verschlüsselt. Bekommt ihr heraus, was die Zeichen bedeuten?

STURM HÖHE

ELLIS BELL

Wie lautet die Botschaft wirklich?

Café Amelia, Rue de Rimini, Montag um vier – lest weiter bei Nr. 63.

Café Aurora, Rue de Berlin, morgen um eins – lest weiter bei Nr. 104.

Café Angela, Rue de Rivoli, morgen um zehn – lest weiter bei Nr. 107.

Café Andrea, Rue de Roma, Montag um zwei – lest weiter bei Nr. 175.

181 Hier beginnt der Geheimgang leider nicht. Ihr verliert ein Leben und müsst zurück zur Nr. 200.

182 Ihr habt euch den falschen Zug ausgesucht. Ihr verliert ein Leben und dampft zurück zur Nr. 82.

183

Ihr habt den Namen Henry Steiler richtig entschlüsselt, und die alte Dame sagt euch, wo ihr ihn findet. Er führt euch gerne in die Berge. An einer Gabelung gehen vier Wege in verschiedene Richtungen, und er hält an: Er erinnert sich nicht mehr, welcher der richtige Weg ist. Im Schnee sind Fußspuren von vier Personen. Welcher Abdruck stammt von Christa Belles Schuh?

184

Das ist nicht der schnellste Weg zu Moriartys Versteck. Ihr verliert ein Leben und müsst zurück zur Nr. 36.

185

Ihr habt das falsche Schiff erwischt! Ihr verliert ein Leben und fahrt zurück zur Nr. 8.

186

Das ist nicht der Inhalt der Botschaft. Ihr verliert ein Leben und müsst zurück zur Nr. 131.

A   **B**   **C**   **D**

Wenn eure Antwort A lautet, lest weiter bei Nr. 98.

Wenn eure Antwort B lautet, lest weiter bei Nr. 21.

Wenn eure Antwort C lautet, lest weiter bei Nr. 195.

Wenn eure Antwort D lautet, lest weiter bei Nr. 60.

187 Ihr nehmt den schnellsten Zug nach Paris. Am Bahnhof habt ihr euch mit Peterson verabredet, einem Spion, der euch bei der Suche nach Moriarty hilft. Ihr habt Peterson noch nie getroffen – ihr wisst nicht einmal, ob es sich um einen Spion oder eine Spionin handelt. Findet ihr Peterson in der Menschenmenge?

Folgendes wisst ihr über diese Person:

Sie reist immer alleine.

Sie trägt ungern Hüte.

Sie hat eine Brieftasche dabei.

Sie hat volles Haar.

Steht bei der richtigen Person ein „A", lest weiter bei Nr. 105.

Steht bei der richtigen Person ein „B", lest weiter bei Nr. 97.

Steht bei der richtigen Person ein „C", lest weiter bei Nr. 176.

188 Das sind die falschen Rechenzeichen. Ihr verliert ein Leben und müsst zurück zur Nr. 117.

189 Ihr habt die Botschaft falsch entschlüsselt. Ihr verliert ein Leben und müsst zurück zur Nr. 120.

190

Ihr findet u.a. einen Fehler im Bild der Britannia, links unten auf dem Schein. Das beweist, dass er falsch ist. Im Koffer der Frau ist auch ein Stadtplan von Rom. Hinweise führen zu einem geheimen Ort – sicher Moriartys Versteck. In welcher Straße liegt es?

- Sie führt direkt aufs Kolosseum zu.
- Sie liegt westlich von S. Maria Maggiore.
- Sie hat eine Verbindung zur Via Nazionale.

191

Das ist leider die falsche Kombination. Ihr verliert ein Leben und müsst zurück zur Nr. 25.

192

An diesem Seil gelangt ihr nicht zum Boden. Ihr verliert ein Leben und hangelt euch zurück zur Nr. 152.

Wenn ihr glaubt, es ist die Via dei Fori Imperiali, lest weiter bei Nr. 108.
Wenn ihr glaubt, es ist die Via Agostino Depretis, lest weiter bei Nr. 165.
Wenn ihr glaubt, es ist die Via dei Serpenti, lest weiter bei Nr. 141.

193

Ihr gebt die richtige Kombination ein und gelangt ins nächste Zimmer. Hier findet ihr eine Liste mit den Namen Belle, Moriarty, Peterson und Moran. Ein Wächter gibt euch ein Buchstabengitter. Knisternd ertönt Moriartys Stimme durch einen Lautsprecher. Er sagt: „Sucht abwärts, aufwärts und diagonal. Welcher der Namen steckt nicht in diesem Gitter?"

M	B	C	U	P	A	I	M	Y	N
D	O	M	B	E	L	H	A	R	A
A	P	F	O	P	S	Y	C	K	R
P	E	Y	A	R	E	P	I	T	O
U	T	H	L	M	I	T	O	L	M
I	E	P	B	D	Y	A	E	U	O
C	R	I	E	W	P	E	R	S	I
S	T	U	L	A	H	M	A	T	R
R	M	O	L	I	T	U	N	M	Y
Y	S	R	E	S	N	O	D	I	A

Wenn ihr glaubt, dass „Belle" fehlt, lest bei Nr. 171 weiter.

Wenn ihr glaubt, dass „Moriarty" fehlt, lest bei Nr. 27 weiter.

Wenn ihr glaubt, dass „Peterson" fehlt, lest bei Nr. 159 weiter.

Wenn ihr glaubt, dass „Moran" fehlt, lest bei Nr. 123 weiter.

194

Ihr habt euch die falsche Tür ausgesucht! Ihr verliert ein Leben und rennt zurück zur Nr. 134.

195

Diese Fußspur passt nicht zum Schuhabdruck von Christa Belle. Ihr verliert ein Leben und wandert zurück zur Nr. 183.

196

Der Komplize ist Oberst Moran. Ihr folgt ihm in ein anderes Zimmer, doch er verschwindet einfach durch die Wand. Die Wandverkleidung besteht aus vier Teilen. Ein Teil könnte eine Geheimtür sein. Ihr untersucht an den drei Stellen (die linke Verkleidung konntet ihr sehen, sie hat sich nicht bewegt), ob sich eine von den anderen unterscheidet.

A   B   C

Welches Wandstück ist anders als die anderen?

Wenn eure Antwort A lautet, lest weiter bei Nr. 91.

Wenn eure Antwort B lautet, lest weiter bei Nr. 125.

Wenn eure Antwort C lautet, lest weiter bei Nr. 134.

197 Das ist das falsche Zeichen. Ihr verliert ein Leben und müsst zurück zur Nr. 75.

198 Das ist nicht die richtige Zahlenfolge. Ihr verliert ein Leben und müsst zurück zur Nr. 159.

199 Das ist die falsche Adresse. Ihr verliert ein Leben und müsst zurück zur Nr. 18.

200

Ihr habt Petersons richtige Nummer ausgetüftelt und ruft ihn an. Er sagt euch, dass ihr einen Schlüssel braucht, der in der Küche ist. Auf eurer Karte seht ihr, dass man durch das Schlafzimmer in die Küche kommt, aber die Schlafzimmertür ist verschlossen. Da hört ihr Christa Belle durch die Eingangshalle kommen. Ihr müsst rasch fliehen. Ein Geheimgang führt von der Bibliothek in die Küche. Schnell: die Karte! Hinter welchem Regal beginnt der Gang?

SCHLAFZIMMER

Glaubt ihr, dass A der Eingang ist, lest weiter bei Nr. 181.
Glaubt ihr, dass B der Eingang ist, lest weiter bei Nr. 148.
Glaubt ihr, dass C der Eingang ist, lest weiter bei Nr. 42.

201 Diese Figur ist nicht die richtige Ergänzung der Reihe. Ihr verliert ein Leben und müsst zurück zur Nr. 169.

202 Leider ist das nicht der gefälschte Geldschein. Ihr verliert ein Leben und müsst zurück zur Nr. 144.

203 Dieser Mann sieht der Silhouette kaum ähnlich. Ihr verliert ein Leben und müsst zurück zur Nr. 72.

204

Ihr setzt das Bild wieder zusammen und findet heraus, dass es ein Gebäude mit dem Namen „Kolosseum" zeigt. Dank der Botschaft auf dem Bild wisst ihr nun: „Moriarty ist hier." In welcher europäischen Stadt steht das Kolosseum?

Wenn ihr glaubt, dass es in Rom steht, lest weiter bei Nr. 82.

Wenn ihr glaubt, dass es in Athen steht, lest weiter bei Nr. 142.

Wenn ihr glaubt, dass es in Madrid steht, lest weiter bei Nr. 35.

Wenn ihr glaubt, dass es in Berlin steht, lest weiter bei Nr. 96.

205

Auf diesem Weg kommt ihr nicht durch das Labyrinth. Ihr verliert ein Leben und geht zurück zur Nr. 155.

206

Das ist leider die falsche Tür: Ihr verliert ein Leben und müsst zurück zur Nr. 134.

207

Leider habt ihr die falsche Tür erwischt. Ihr verliert ein Leben und rennt zurück zur Nr. 15.